TAO – Wege zum Urgrund

Max Weier

TAO – Wege zum Urgrund

Taoismus und Mystik

Bibliografische Information der Deutschen Nationalbibliothek

Die Deutsche Nationalbibliothek verzeichnet diese Publikation
in der Deutschen Nationalbibliografie; detaillierte bibliografische
Daten sind im Internet über http://dnb.d-nb.de abrufbar.

Umschlagdesign, Satz, Herstellung und Verlag:
BoD – Books on Demand, Norderstedt
ISBN 978-3-7534-9727-3

Inhalt

EINFÜHRUNG

Seit vorgeschichtlicher Zeit haben Menschen einen Bezug zu einer überweltlichen Dimension gesucht. Das Verlangen nach etwas Größerem als sie selbst und dessen Deutung haben Kulturen und Gesellschaften bis in ihren Kern hinein geprägt. Je nach Weltgegend und Zeitalter wurde das große Geheimnis hinter den Dingen verschieden ausgelegt. Die über Jahrtausende entstandenen diversen religiösen und spirituellen Systeme zeugen letztlich von nichts anderem als vom menschlichen Bestreben, dieses Mysterium zu deuten und sich mit ihm zu arrangieren. Manche dieser Interpretationen sind weiter entwickelt und subtiler als andere. Vor allem sind die spirituellen Konzepte und Methoden aus dem asiatischen Raum, aus dem Hinduismus und Buddhismus und auch aus dem Taoismus, Beweis einer unvergleichlichen Tiefgründigkeit und Komplexität.

In diesem Büchlein beziehe ich mich in erster Linie auf den chinesischen Taoismus oder genauer auf gewisse Facetten aus dem vielfältigen taoistischen Gebilde. Der Taoismus ist kein geschlossenes einheitliches System und hat in einem langen Entwicklungsprozess und durch die Integration unterschiedlicher Strömungen verschiedene Formen angenommen. In ihm finden sich nordostasiatischer Schamanismus, Orakelkunst, Magie, Kosmologie, meditative Disziplinen, Poesie, Philosophie, höchste Stufen von Mystik neben volkstümlicher, institutionalisierter Religion mit einem Pantheon von Gottheiten, Dämonen und Geistern und einer guten Portion Aberglaube.

Den Taoismus, den ich hier aufgreife und nach meinem Verständnis interpretiere, vermittelt den mystisch-philosophischen Blickwinkel gepaart mit Aspekten der inneren Energiearbeit und der Meditation. In diesem Bereich bietet der Taoismus ein integrales, seit dem chinesischen Altertum bewährtes Instrumentarium auf dem Pfad zur inneren Freiheit. Ich nenne ihn den 'Weg des Tao'. Es ist ein Weg, der den Menschen zu seinem tiefsten Potenzial führt, ein Weg hin zu seinem eigentlichen Urgrund.

Der Mensch ist ein biologisches, energetisches und geistiges Wesen. Er ist versehen mit einem physischen Körper, einem inneren, subtilen Organismus, dem Energiekörper und mit einem alles durchdringenden Bewusstsein. Wie im klassischen hinduistischen Yoga, in dem Ethik, Körper- und Energiearbeit und Meditation eine Einheit in der Praxis der Selbstverwirklichung bilden, stellt der taoistische Weg eine umfassende, ganzheitliche Beschäftigung mit den verschiedenen Dimensionen des Menschen dar. Er benutzt die körperlichen und energetischen Aspekte wie die Energiekanäle- und Zentren und lehrt die Lebensenergie anzuregen und auszugleichen. Er schließt stille Meditation mit ein und die Kontemplation der Natur und ihrer Rhythmen. Und er entwickelt durch die gelassene Betrachtung des Lebens seine ihm typische Weisheit. So umfasst der taoistische Weg nicht nur den ganzen Menschen, sondern er besitzt gerade auch durch seine Natur- und Erdverbundenheit ein starkes ökologisches Bewusstsein. Dadurch ist dieser alte Weg zugleich auch hochmodern.

Statt Selbstglorifizierung empfiehlt der Taoismus, das Ego zurückzunehmen und sich auf jeder Ebene in Bescheidenheit zu üben. Ein bedeutendes Ideal des taoistischen Weges ist das Nicht-Jemand-Sein-Wollen.

Der Weise bleibt unerkannt –
Kein Selbst ist das wahre Selbst –
Und das Höchste ist Niemand zu sein.

Chuang Tzu (um 400 v. Chr.)
das wahre Buch vom südlichen Blütenland

Wenn das Ich zurücktritt, erweitert sich im Menschen sein innerer Horizont. Er wird authentisch und gewinnt an wahrhaftiger Tiefe. Letzten Endes hebt sich in ihm die Identifikation mit seinem Ich auf, und er wandelt sich von einem 'Jemand' zu einem 'Niemand'.

Der Weg des Tao lehrt, die Sinne zu kontrollieren und die Emotionen zu beruhigen. Erst durch Ruhe und Harmonie ist der Mensch wirklich fähig, nach innen zu schauen und letztlich das Tao zu erkennen. Maßhalten, Beschränkung und Gleichgewicht sind die Richtwerte dazu.

Der taoistische Weg wäre nicht taoistisch, wenn nicht individuelle Flexibilität und Verschiedenheit eine tragende Rolle spielten. Das ganze Universum drückt sich in jedem einzelnen seiner Gestalten aus. Daher ist jeder Punkt in ihm ein eigener Mittelpunkt, genau wie jeder Punkt auf einer Kugel als Mittelpunkt auf der Oberfläche betrachtet werden kann. Somit ist der Weg jedes Menschen anders und verschieden von dem eines andern Menschen. Der eigene Weg ist immer auch der Weg, den zugleich auch das Universum geht.

Wie im Taoismus schon lange praktiziert, wird die Spiritualität der Zukunft wohl eine ganzheitliche sein. Sie wird den physischen und subtilen Körper und die geistige Dimension des Menschen harmonisch mit einbinden. In diesem holistischen Ansatz werden die großen Menschheitsströmungen, die Weisheit und Methodik des Ostens und der Pragmatismus und die Wissenschaftlichkeit des Westens zusammenkommen und neue Formen bilden. Ein neues umfassenderes Bewusstsein wird sich darin ausdrücken.

Im Folgenden werden verschiedene Begriffe für das Hauptkonzept des Tao verwendet. Urgrund, reines Bewusstsein, reiner Geist, ursprüngliches Wesen, wahre Natur; sie alle sind bedeutungsgleiche Wörter und zielen auf ein und dieselbe Idee.

Da dem Taoismus ein ausgeprägten Sinn für Ästhetik und Poesie eigen ist, werden im Weiteren Gedichte und Anekdoten aus dem taoistischen und dem stark vom Geist des Taoismus geprägten zenbuddhistischen Umfeld angeführt. Als künstlersicher Ausdruck vermitteln sie intuitiv das Wesen der taoistischen Weltsicht.

Die aufgeführten Verse, Spruchkapitel und Parabeln entstammen aus Übertragungen diverser Übersetzer und Autoren. Aus dem Tao te Ching von Laotzu zitiere ich nur jene Passagen, die mir als Essenz eines jeweiligen Spruchkapitels erscheinen.

Als Umschrift aus dem Chinesischen habe ich mich für das System von Wade-Giles entschieden. In diesem altehrwürdigen System werden Buchstaben und Worte zum Großteil so ausgesprochen wie geschrieben.

TAO

Auf geheimnisvolle Weise existierend
Bevor es Himmel und Erde gab.
Still und gestaltlos.
Immerwährende Gegenwart.
Die Mutter des Weltalls.
Unmöglich es mit Worten zu vermitteln.
Ich nenne es einfach Tao.

Tao te Ching 25

Tao als Urgrund allen Seins

Tao ist die Quelle allen Seins. Tao ist die höchste Wirklichkeit und das höchste Geheimnis. Tao liegt dem ganzen Kosmos zugrunde und durchdringt ihn. Mit unserem Verstand kann Tao nicht erfasst werden; nur durch die mystische Schau kann Tao erkannt werden.

Das Tao das
Man beschreiben kann
Ist nicht das wirkliche Tao

Tao te Ching 1

Aus dem Tao entstehen die Dinge in ihrer vergänglichen Vielfalt. Als kreativer Prozess entfaltet es sich
bis in die materielle Ebene hinein. Daher ist das Tao
zugleich die absolute Realität als Urgrund und auch
die relative Wirklichkeit als Schöpfung. In seinem
ruhenden Aspekt unveränderlich und grenzenlos, ist
das Tao in seiner dynamischen Funktion wandelbar
und beschränkt. Wie zwischen Meer und Wellen kein
wirklicher Unterschied besteht, gibt es auch keinen
wirklichen Gegensatz, sondern nur einen scheinba-
ren zwischen dem Tao und den Dingen. Nichts ist
geschieden vom Tao. Inzwischen bestätigt auch die
moderne Physik, dass es keine voneinander getrennten
Objekte oder Ereignisse gibt. Unter der Oberfläche der
Erscheinungen sind sämtliche Dinge miteinander verbunden; alle sind sie Teile der Gesamtheit des Kosmos.

Als der buddhistische Meister Fa-tsang im 7. Jahr-
hundert am Hofe der Kaiserin Wu das Konzept der
Einheit von Urgrund und den Dingen erklären sollte,
zeigte er auf einen goldenen Löwen in der Halle und
trug folgende berühmt gewordene Parabel vor:

Das Gold symbolisiert die Wirklichkeit und der Löwe die Erscheinung. Wirklichkeit selbst ist formlos, aber sie nimmt jede Form an. Das Gold hier ist zur Form des Löwen als seine Erscheinung geworden. Die Form des Löwen hat keine Wirklichkeit an sich – sie ist ganz und gar Gold. Die Existenz des Löwen hängt von der Existenz des Goldes ab. Ohne Gold kein Löwe. Das heißt mit anderen Worten: ohne Tao existieren die Dinge nicht. Der Löwe stellt die Erscheinung des Goldes dar. Ohne Form des Löwen gäbe es keinen Ausdruck des Goldes. Sieht man auf den Löwen, so sieht man den Löwen und das Gold tritt zurück. Sieht man auf das Gold, so ist dieses offensichtlich, und der Löwe wird unserem Blick verschleiert. Manchmal sieht man beides; manchmal nicht. Tao sind die Dinge, und die Dinge sind Tao.
Fa-tsang (643 – 712)

Die Natur des Tao ist offen, eins und vollkommen still. Aber in seiner zeitlichen und räumlichen Manifestation zeigt es sich als Vielfalt und Bewegung.

Tao als Weltengesetz

Tao bedeutet außerdem soviel wie 'Gesetz'. Tao ist die natürliche Ordnung, nach der alles Geschaffene funktioniert. So ist es das Tao des Feuers zu brennen, das Tao des Wassers zu fließen und das Tao der Erde sich um die Sonne zu drehen. Es ist das Tao der Vögel zu fliegen und dasjenige der Blumen zu blühen.

Ohne Gesetz des Tao wäre das Leben einem Zustand von dauerndem Chaos unterworfen. Das Universum ist keine Masse von bloßer Materie; es ist belebt und durchdrungen vom Urgrund und funktioniert mit vollkommener Intelligenz. In der Schöpfung verläuft die natürliche Ordnung in geordneten Zyklen. Ihre Grundmuster wiederholen sich endlos wie der Wechsel von Tag und Nacht oder das Kommen und Gehen der Jahreszeiten. Doch diese ununterbrochene Wiederkehr geschieht niemals in identischer Form. So ist jede Jahreszeit immer wieder ein wenig anders. Im Herbst sammeln sich die Blätter auf dem Boden in stets neuen Anordnungen, und keine Schneeflocke gleicht haargenau der andern.

Tao im Menschen

Im Menschen meint Tao dessen wahre Natur, den unvergänglichen und unveränderbaren Aspekt seiner Existenz. Wie Tao aus sich heraus als Kosmos und Welt entsteht, so schreibt es sich auch im Menschen fort vom
reinen Bewusstsein hin zu Gedanken und Gefühlen und
einer vermeintlich in sich geschlossenen Persönlichkeit.

Wasser kann flüssig sein, als Eis kann es Festigkeit
annehmen oder sich als Dampf manifestieren. Ähn-
lich äußert sich das Tao in verschiedener Form und auf
verschiedenen Ebenen im Menschen.

Obwohl jeder Mensch den reinen, ursprünglichen
Geist des Tao in sich trägt, sind sich nur wenige Menschen dessen wirklich bewusst; die meisten identifizie-
ren sich mit ihren Gedanken und Gefühlen und mit
einem imaginären Ich.

Tao als Weg zu sich selbst

Der Begriff 'Tao' enthält als weitere Bedeutung die
Vorstellung eines 'Weges'. Damit ist der Weg gemeint,
der beschritten wird, um zum Urgrund zu gelangen.
In diesem Sinn ist das Tao der Prozess des Wieder-
findens seines ureigensten Wesens. Zu seiner Quelle

kann der Mensch auf verschiedene Arten zurückkehren und diesen Weg meistern: mittels psycho-physischer und energetischer Übungen, mittels stiller Meditation, mittels philosophisch-spiritueller Kontemplation oder am wirkungsvollsten in einer Kombination dieser Praktiken.

> In seinem nichtmanifestierten Aspekt ist das Tao das reine Sein. In seiner offenbarten Gestalt ist es das Universum mit allem Geschaffenen und ihr ordnendes Gesetz. Und als Weg ist es die Rückkehr zu sich selbst.

Tao ist wie grenzenloser Raum.
Er kann nie aufgefüllt werden,
Doch enthält es alle Möglichkeiten:
Scharf und stumpf,
Klar und verwirrt,
Hell und dunkel.
Die ganze Schöpfung.

Verborgen und zugleich gegenwärtig.
Wer schuf das Tao?
Es war schon immer da.

Tao te Ching 4

*Himmel und Erde wurden mit mir geboren, und
alle Dinge sind eins.*

*Chuang Tzu (um 400 v. Chr.)
das wahre Buch vom südlichen Blütenland*

PRINZIPIEN

Leere

Erst der Hohlraum eines Gefäßes gibt ihm seine Bedeutung.

Tao te Ching 11

Für zweiundvierzig Jahre
Schwankte ich zwischen Leben und Tod.
Nun stürzen Berge und Flüsse um, und Himmel und Erde
Kehren in die Leere zurück.

Der Samurai Minamoto-no-Tomoyuki
vor seiner Hinrichtung

Da man sich vom Tao als Urgrund keine Vorstellung machen kann, wird es als formlos und leer bezeichnet, als ein 'Nichts'. Als Metapher für das Tao dient oft der Begriff der Leere oder auch die Idee des Himmels. Die Vergegenwärtigung von Raum macht uns das Prinzip der Leere begreifbar. Raum ist die erste Manifestation des Tao aus sich heraus; Raum ist das subtile Offenbarwerden des Urgrunds.

Alle Dinge sind umgeben von Raum, und letztlich bestehen sie aus Raum. Die Festigkeit unseres menschlichen Körpers ist lediglich eine Illusion. Sie wird hervorgerufen durch die rasende Bewegung der Atome und der subatomaren Partikel, genauso wie ein sich drehender Propeller den Anschein macht, als wäre er eine feste Scheibe. Die Mystiker aller Zeiten haben die traumartige Qualität der menschlichen Existenz erkannt. Diese fühlt sich zwar wie wirklich an – und doch ist sie so flüchtig und substanzlos, dass sie sich jeden Moment auflösen kann.

Im Reich der Form bleibt nichts auch nur für einen Augenblick unveränderlich. Alles ist dem Prozess der unentwegten Veränderung unterworfen. Das Einzige, was Bestand hat, ist der allumfassende Raum dahinter. Ihm entspringen alle die Dinge, und in ihm lösen sie sich wieder auf. Gleicherweise entstehen in der Leere des reinen Bewusstseins im Menschen unablässig Gedanken und Gefühle und vergehen wieder. Sind diese wiederholend disharmonisch oder stark von einer Egoidentität geprägt, verfestigen sie sich. So können Gedanken zu starren Ideen werden, zu Annahmen und Wertungen, und mit der Zeit können sie sich in zwanghaften Handlungsweisen äußern. Dadurch wird die wahre, leere Natur des Geistes zunehmend verdeckt.

Aus mystischem Blickwinkel bedingen sich Leere und Form, Raum und Ding, Bewusstsein und Gedanke gegenseitig. In der Weise wie Raum für ein Gefäß unerlässlich bleibt, ist auch das Bewusstsein nicht getrennt von den Gedanken und Gefühlen.

Betrachten wir die Dinge aus der Warte des leeren Raumes heraus, verschiebt sich unsere Aufmerksamkeit mehr und mehr weg von der Faszination an der Welt. Wir beginnen uns, der Raumhaftigkeit unserer wahren Natur zu öffnen.

Das leere Boot

Wenn ein Boot den Fluss durchkreuzt und es kommt ein leeres Schiff und stösst ans Boot, so wird auch ein jähzorniger Mensch nicht böse. Steht aber ein Mensch auf jenem Schiffe, so ruft er, damit er ausweiche. Er ruft einmal, und jener hört nichts. Er ruft ein zweites Mal, und jener hört nichts. Er ruft ein drittes Mal, und sicher werden üble Worte folgen. Im ersten Fall wurde er nicht böse; im zweiten Fall wurde er böse. Denn im ersten Fall war das Schiff leer; im zweiten Fall war jemand darin. Wenn ein Mensch selbst ganz leer wird bei seinem Wandel in der Welt: wer mag ihm dann noch schaden?

Chuang Tzu (um 400 v. Chr.)
das wahre Buch vom südlichen Blütenland

Mitternacht.
Keine Wellen, kein Wind.
Das leere Boot ist durchflutet
Vom hellen Licht des Mondes.

Dogen Zenji (1200 – 1253)
Zenmeister

Yin und Yang

Das Tao bringt den leeren Raum hervor, und in
diesem leeren Raum ruht als Potenzial das polare
Prinzip von Yin und Yang. Das Wechselspiel dieser
beiden Pole bewirkt ein energetisches Feld, in dem
das Universum geboren wird. Auf diese Weise ma-
nifestiert sich das Tao vom Urgrund über den Raum
als Polarität und Bewegung von Yin und Yang und
schließlich als Energie und Materie. Alles Mani-
festierte beruht auf polaren Gegensätzen. Für Licht
gibt es Dunkelheit, für Mann gibt es Frau, für Einatmen Ausatmen. Ohne Hässlichkeit existiert keine
Schönheit, ohne Böses kein Gutes und ohne Leben
kein Tod. Dies ist die Bewegung des Tao in seiner
Manifestation als Leben.

Auf dem taoistischen Weg geht es darum, die beiden polaren Kräfte in uns, das Yin und Yang, ins Gleichgewicht zu bringen.

Wo es Schönheit gibt, da gibt es auch Hässlichkeit;
Wo es richtig gibt, da gibt es auch Falsch.
Weisheit und Unwissenheit bedingen einander,
Illusion und Erleuchtung kann man nicht trennen.
Dies ist eine alte Wahrheit:
Glaube nicht, sie sei erst entdeckt worden.
«Ich will dies, Ich will jenes» -
Das ist nichts als Dummheit.
Ich will dir ein Geheimnis verraten:
«Alle Dinge sind vergänglich!»

Ryokan (1758 – 1831)
Zenbuddhistischer Einsiedler und Poet

Yin und Yang bedingen sich gegenseitig. Die Materie und der Raum, das Vorhandene und das Nicht-Vorhandene, sind aufeinander bezogen und durchdringen sich.

In der taoistischen Sichtweise repräsentiert der Himmel das Yang, den Geist und die Erde das Yin, die Form. Dasselbe Prinzip spiegelt sich im Menschen

24

wider: Himmel und Erde, Geist und Form vereinigen sich in ihm. Dadurch wird der Mensch zur Brücke, der die beiden kosmischen Kräfte verbindet. Auf seinen Körper bezogen, bedeutet der Kopf den Yang-Pol und weist auf die geistige Dimension hin. Über seinen Kopf und seinen Scheitel öffnet er sich dem weiten Raum über und in ihm. Das Becken, die Beine und die Füße entsprechen dem Yin-Pol und stehen für die materielle Existenz des Menschen. Hier verankert er sich mit der Erde unter ihm. Sein Brustbereich dazwischen, mit dem Herzen, versinnbildlicht das Menschsein, die hochgradige Vernetzung mit dem ihn umgebenden Leben.

Das Yang des Himmels und das Yin der Erde schaffen ein dynamisches Feld, in welchem wir uns bewegen.

Wu Wei

Wörtlich bedeutet Wu Wei 'nicht handeln' oder 'nicht tun'. Das taoistische Prinzip des Wu Wei beinhaltet ein Tun, das absichtslos ist. Wu Wei ist spontanes und entspanntes Handeln, das nicht ziellos oder zufällig ist, sondern in Harmonie mit den gegebenen Umständen steht. Wu Wei geschieht stets im Einklang mit dem Fluss des Lebens. Das Tun oder Nicht-Tun des Wu Wei ereignet sich ganz natürlich, so wie der Wind die Äste bewegt oder der Mond sich im Teich spiegelt. Der Mensch des Wu Wei hegt keine Erwartungen an die Resultate seines Handelns. Im Gegensatz zum vom Ego bestimmten Alltagsmenschen weiss er, dass es die kosmische Kraft des Tao ist, die durch ihn wirkt. Im Wu Wei ist die enge Ich-Identifikation aufgehoben, und das Handeln kommt direkt aus der Mitte seines eigentlichen Wesens.

Ist das Wu Wei vollkommen, wird die Dualität von Tun und Nicht-Tun aufgehoben. So ist Tun zugleich auch Nicht-Tun, und Bewegung ist zugleich auch Ruhe.

Dieses Prinzip drückt sich auch in einem Vers der Bhagavad Gita aus, der einflussreichsten Schrift des Hinduismus:

Wer Handeln im Nicht-Handeln erkennt
Und Nicht-Handeln im Handeln
Und an den Früchten seines Tuns nicht haftet,
Handelt nicht, auch wenn er scheinbar handelt.

Bhagavad Gita (2. Jh. v. Chr.)
Vers 18, Kapitel 4

Ereignisse geschehen, Handlungen werden voll-
zogen; doch in Wirklichkeit gibt es niemanden,
der etwas tut.

Ramesh Balsekar, (1917 – 2009)
Indischer Mystiker

ZIEL

Harmonie

Eines der wichtigsten Prinzipien im Taoismus ist das Streben nach Harmonie. Der Taoismus hat die Auffassung vom Menschen als einem Mikrokosmos, der den umgebenden Makrokosmos widerspiegelt. Auf der Grundlage dieser Vorstellung der Einheit sucht der Taoist die dynamische Verbundenheit mit dem Universum.

> Die fortwährende Bewegung im Universum und sein dynamisches Ziel ist das Streben nach Gleichgewicht und Harmonie.

Das Prinzip der Widerspiegelung des Großen im Kleinen und des Kleinen im Großen ist eine universelle Einsicht. Sie findet sich prägnant in der oft zitierten Aussage des legendären Hermes Trigestimos, einem mystischen Gelehrten aus dem Vorderen Orient:

Wie oben,
So unten;
Wie innen,
So aussen.

aus dem Kybalion

Die Verhältnisse im Makrokosmos des Universums entsprechen demnach denen im Mikrokosmos des Individuums. Die äußeren Verhältnisse spiegeln sich im Menschen und umgekehrt.

Eins-sein

Die Vögel sind in den weiten Himmel entschwunden,
Und jetzt hat sich auch die letzte Wolke aufgelöst.
Wir sitzen uns gegenüber: der Berg und ich,
Bis wir beide vollkommen eins sind.

Li T'ai Po (701 - 762)
Chinesischer Poet

Die taoistische Mystik lehrt, zu unserem ursprünglichen Wesen zurückzufinden. So wie der Tropfen ins Meer heimkehrt, so löst sich das von seiner Identifikation mit einem Körper und einer bestimmten Persönlichkeit befreite Bewusstsein im Tao auf. Im Moment der höchsten Erkenntnis begreift der Mensch, dass diese Trennung in einem tieferen Sinne eigentlich nie der Fall war und seine wahre Natur schon immer dieses reine, verborgene Sein war. Diese endgültige Einsicht lässt sich aber niemals über bestimmte Übungen oder durch eine rein gedanklich-philosophische Auseinandersetzung erlangen; hier ist der Faktor 'Gnade' unabdingbar. Jedoch kann der Mensch in sich eine Verfasstheit kultivieren, die das Erkennen der innewohnenden wahren Natur eher zulässt. Dazu sind Lehren und psycho-physische Methoden aus dem umfangreichen taoistischen Repertoire hilfreich, und ein ausgeglichener, besonnener Lebensstil gilt als wesentlich.

Sei leer – sei still.
Sieh, wie alles erscheint und wieder vergeht.
Aus Nirgendwo auftaucht und zurückkehrt.
Das ist das Weltengesetz des Tao.

Lehne dich zurück
und erkenne den Urgrund allen Seins.
Dies ist die höchste Erfüllung deines Lebens.

Erfahre was sich niemals verändert.
Das nennt man Erleuchtung.

Tao te Ching 16

Der Mensch lebt rastlos und in Angst, in einer
halbverrückten Existenzform, da sein durch
Wahn und Täuschung so sehr verstellter Geist
vollkommen durcheinander ist. Das Ziel besteht
darin, zu unserer ursprünglichen Vollkommen-
heit zurück zu finden, das falsche Bild von uns
selbst als unvollständig und sündig zu durch-
schauen und zu der uns eingeborenen Reinheit
und Ganzheit zu erwachen.

Hakuun Yasutani (1885 – 1973)
Zenmeister

ENERGIE

Taoistische Energiepraktiken sind wirkungsvolle Instrumente auf dem Weg des Tao. Mit der Anwendung von Körperhaltungen, Körperbewegungen, Atemübungen und Visualisierungen sind sie den Praktiken des traditionellen indischen Yoga nicht unähnlich.

Ch'i (Qi)

Die Vorstellung einer Energie, die durch die Welt und die Dinge fließt und diese trägt, lässt sich in verschiedenen Kulturen finden. In China heißt dieses Phänomen 'Ch'i', in Japan 'ki,' in Indien 'Prana', in Tibet 'Lung', und bei den vorsokratischen Philosophen im antiken Griechenland kannte man es als 'Pneuma'. Bei uns in Mitteleuropa nannte man es 'Odem'.

Ursprünglich bezeichneten die Worte Ch'i, Prana, Lung oder auch Pneuma und Odem in den genannten Kulturen dasselbe: Luft, Atem, Dunst und Dampf. Später entwickelte sich daraus die Bedeutung für die subtile Energie in und hinter den Dingen. Atem und Ch'i sind Teil desselben Phänomens, der Atem ist seine äußere und das Ch'i seine innere Manifestation.

Wie schon angedeutet, erzeugt nach taoistischer Weltsicht die Bewegung und Wechselwirkung der beiden Pole Yin und Yang das Ch'i. Somit ist Ch'i die dynamische Kraft im Kosmos. Im Menschen bildet Ch'i die Nahtstelle zwischen Geist und Körper.

Das Ch'i fliesst durch unseren Organismus in einem komplexen Netzwerk von subtilen Kanälen, den Meridianen, und es wirbelt an verschiedenen Punkten, den Energiezentren. Dieses vibrierende Geflecht aus Energiebahnen und Energiepunkten ist der Energiekörper. Er durchdringt und umhüllt den physischen Körper und verleiht ihm Leben. In der Idealsituation strömt das Ch'i in den Meridianen mühelos und frei. Die Energiezentren sind offen und stehen in harmonischer Beziehung zueinander. Wird die Ch'i-Bewegung aber gehemmt, sind die Auswirkungen für Körper und Geist nachteilig. Blockiertes Ch'i zeitigt auf die eine oder andere Weise schädliche Folgen im menschlichen Organismus.

> Ch'i ist die formende Kraft hinter allem Leben.
> Ch'i ist die Nahtstelle zwischen Materie und Geist.

Ch'i Kung (Qigong)

Im Westen ist die bekannteste Praxis aus der breitgefächerten taoistischen Kultur das sogenannte Ch'i Kung und das Tai Chi. Ch'i Kung ist die Methode, bewusst durch die Belebung und Lenkung des Ch'i auf den physischen Körper und dessen Energiefeld einzuwirken. Diese Praktiken helfen, energetische Blockaden aufzulösen und das natürliche Strömen des Ch'i wieder herzustellen. Medizinisch gesehen wird dabei das lymphatische System positiv beeinflusst, und das Knochenmark und die inneren Organe werden gestärkt. Auf der psychologischen Ebene werden unterdrückte Gefühle, die tief im Muskelgewebe gespeichert sind, reaktiviert und mit der Zeit aufgelöst.

Ch'i Kung durchlichtet den Körper und verfeinert dadurch dessen molekulare Struktur

Tai Chi ist nichts anderes als die Umwandlung von Ch'i-Kung-Prinzipien in eine sanfte Kampfkunst, und die Wirkung im psycho-physischen Organismus ist dieselbe.

Durch die vornehmlich langsamen und konzentriert ausgeführten Bewegungen im Ch'i Kung und im Tai Chi schaltet das autonome Nervensystem automatisch vom Stress-Modus auf den Relax-Modus. Darüber hinaus helfen diese zeitlupenartig praktizierten Be-

wegungen dem modernen Menschen, sich nicht nur
äußerlich, sondern auch innerlich zu entschleunigen
und sich seiner selbst bewusster zu werden. Ch'i Kung
entspannt und erdet zugleich. Es stellt das dynamische
Gleichgewicht zwischen Körper und Geist, zwischen
Yin und Yang wieder her. Dabei weicht das Gefühl
von Enge und Schwere einem Gefühl von Leichtig-
keit und Raumhaftigkeit. Ein großer Nutzen von Ch'i
Kung als eine Praxis auf dem Weg des Tao besteht
darin, den Geist mühelos still werden zu lassen. Der
Zustand der Stille und Präsenz vereinfacht den Zugang zum reinen Gewahrsein.

> Eine Verfasstheit in sich zu kultivieren, in der sich
> die wahre Natur zu widerspiegeln vermag, ist das
> ultimative Ziel von Ch'i Kung.

Zu oft versuchen Westler, ihren Weg zur Selbstverwirklichung über das Denken oder durch forcierte
Meditation zu gehen. Die Hindernisse, welche dabei
einer Verwirklichung im Wege stehen, sind vielfach
auf Blockaden und Ungleichgewichte innerhalb des
feinstofflichen Körpers zurückzuführen. Obwohl die
Suchenden brillante intellektuelle Einsichten oder
meditative Erfahrungen haben mögen, entfalten diese
doch meist keine bleibende Wirkung. Der Geist kehrt

zu den bekannten Mustern zurück, die auch tief im Energiekörper eingebettet sind.

Die subtilen Erfahrungen mittels taoistischer Energiepraktiken fördern ein spirituelles Verständnis jenseits intellektueller Konzepte. Dies ist wichtig, da viele Suchende im Westen die verstandesmäßigen Aspekte ihrer Suche nach spiritueller Weisheit und Verwirklichung überbetonen.

Selbstverständlich geht es auf dem Weg des Tao auch ohne Energieübungen, viele Suchende brauchen sie keineswegs. Doch stellen diese Methoden wirksame Hilfsmittel dar, um auf dem Pfad mit weniger Mühe und auf ganzheitliche Weise vorwärts zu schreiten.

Körper

Idealerweise beginnt der Weg des Tao mit dem eigenen Körper. Sich seiner Körperlichkeit bewusst zu werden, ist in dieser Praxis ein wichtiger Schritt. In unserer modernen Gesellschaft haben viele Menschen nur noch ein vages Körperbewusstsein. Sie scheinen wie getrennt von ihrem Körper in einem Kokon aus sich widerstreitenden Gedanken und Gefühlen zu leben. Das aufreibende Leben in unserer westlichen Zivilisation erzeugt automatisch Stress, Angst und

Aggressivität. Dadurch werden die Voraussetzungen für tiefsitzende neuro-muskuläre Verspannungen geschaffen.

Entspannungsübung

Wir liegen mit dem Rücken auf dem Boden oder sitzen auf einem Stuhl
Wir spüren, wie der Körper den Boden oder den Stuhl berührt
Wir geben unser ganzes Gewicht an den Boden oder an die Sitzfläche des Stuhls ab
Wir ziehen beim Einatmen unsere Muskeln zusammen
Wir entspannen beim folgenden Ausatmen unsere Muskulatur wieder
Wir entspannen bewusst den Kiefer
Wir entspannen bewusst die Zunge
Wir entspannen bewusst beide Augen

In unserem Alltag unterliegen Kiefer und Augen beinahe konstant der Anspannung. Die Spannungen in unserem Sehorgan wirken direkt auf unser Hirn. Das bewusste Entspannen unserer Augen, entspannt zugleich auch unser Hirn.

Spannung im Körper an sich ist ein natürliches Phänomen, denn Leben ist immer auch Spannung. Doch es geht auf dem taoistischen Weg darum, in sich die sogenannte 'rechte Spannung' zu finden. Buddhas Gleichnis bezüglich der Spannung einer Saite auf einem Saiteninstrument kann trefflich auf unsere Körperspannung angewendet werden. Ist in Buddhas Metapher die Saite zu wenig gespannt, entsteht kein schöner Klang. Ist sie zu stark gespannt, kann die Saite reißen. Nur wenn eine Saite die geeignete Spannung zwischen den Extremen hat, erzeugt sie einen schönen Klang. Ist unsere Körperspannung schlaff, ist auch unser Geist lethargisch. Ist die Spannung hingegen übermäßig, sind Körper und Geist verkrampft.

Atmung

Die meisten meditativen Traditionen, seien sie nun von der kulturellen Herkunft her indisch, tibetisch, chinesisch oder mystisch-islamisch wie der Sufismus, legen großen Wert auf Atemtechniken. Dahinter steht die Erkenntnis, dass die innere Energie über die Atemluft des Übenden geleitet werden kann. Atemübungen reinigen das Ch'i und die subtilen Kanäle, und sie sammeln den Geist. Für die Meditation können Atemübungen außerordentlich unterstützend sein.

Die fundamentale Atmung auf dem Weg zum Tao besteht im langsamen, tiefen und rhythmischen Ein- und Ausatmen, gewöhnlich durch die Nase. Beim Einatmen wird die Luft tief in den Unterbauch hinab gesandt. Beim Ausatmen hebt sich das Zwerchfell, und der Unterleib wölbt sich nach innen. Das Ausatmen sollte etwa doppelt so lange sein wie das Einatmen. Während des Ausatmens entspannt sich der Unterleib gänzlich. Der heutige Mensch atmet oft nur flach. Dies hat damit zu tun, dass sein natürlicher Schwerpunkt nach oben in den Kopfbereich verschoben worden ist. Wir müssen wieder lernen, unseren Schwerpunkt im Unterbauch zu finden und uns beim Ausatmen darin loszulassen.

Tan-t'ien (Dantian)

Das Tan-t'ien gilt als das grundlegende Zentrum im Energiesystem des Menschen.

Es entspricht von der Lage her dem natürlichen Schwerpunkt im physischen Körper, sein Mittelpunkt befindet sich etwa drei fingerbreit unterhalb des Nabels. Als Energiefeld strahlt das Tan-t'ien nach unten bis zum Schambein und nach oben bis zum Nabel hin. Das Tan-t'ien ist der hauptsächliche Erzeuger und Speicher des Ch'i im Energiekörper. Bereits in den frühen schamanistischen Praktiken Nordostasiens findet sich das Wissen um seine Wirkungsweise.

Der japanische Begriff für das Tan-t'ien lautet Hara. In der japanischen Kultur und in der Zenmeditation ist das Hara von zentraler Bedeutung. Die Kultivierung des Hara gehörte unter dem japanischen Kriegeradel der Samurai zu einer der Hauptübungspraktiken. Für einen Samurai bedeutete das Hara der Hort der Lebenskraft, der Zentrierung und der Intuition.

Neue Forschungen bestätigen, was der Volksmund schon lange weiß: auf das Bauchgefühl kommt es an. Im menschlichen Unterleib sitzt eine Steuerzentrale aus zahllosen Nerven, die in vielen Bereichen weitgehend unabhängig vom Gehirn funktioniert. Man spricht hier vom zweiten Gehirn, von einer der Hauptquellen der Intuition.

Eine der fundamentalsten Übungen in der subtilen Energiearbeit besteht darin, sein Tan-t'ien zu öffnen und zu stärken. Gerade für den Menschen von heute ist es eigentlich zwingend, seinen Schwerpunkt vom Kopf her nach unten zu verlagern. Solange wir vorherrschend mit unserem Ich identifiziert sind, solange befinden wir uns im Kopf-Brust-Raum und sind nicht in unserer Mitte zentriert. Daher sollten wir uns immer wieder bewusst in unserem natürlichen Schwerpunkt und in dem ihn umgebenden Energiefeld verankern.

Die Verwurzelung im Tan-t'ien wird uns automatisch ein Mehr an Lebenskraft und Gegenwärtigkeit verleihen. Dadurch wird der Spürsinn für Verspannungen geschärft und vertieft. Wir merken sogleich, wenn wir aus der Mitte gefallen sind. Ein Mensch, der in seinem natürlichen Schwerpunkt ruht, besitzt eine starke Wirkung gegenüber der Welt. Da sein Gewahrsein auch von seinem ganzen Leib und nicht nur vom Kopf ausgeht, ist seine Bewusstheit umfassender.

«Wenn du eine belebte Strasse entlang läufst und du dich auf dein Hara konzentrierst, ganz in deinem Hara verankert bist, werden die Leute, die dir entgegen kommen, automatisch vor dir ausweichen. Eine unsichtbare Kraft wird von dir ausgehen und den Weg vor dir frei machen», sprach einmal vor Jahrzehnten ein holländischer Zenmeister zu mir.

Ich versuchte es. Ich ging inmitten einer Großstadt durch eine Einkaufspassage und versenkte mich in mein Hara – und siehe da: die Passanten machten wie von allein Platz. Ich erlebte die Kraft aus dem Hara und seine Wirkung ganz direkt im Alltag. Auch heutzutage praktiziere ich hin und wieder beim Gehen in der Stadt diese Haraübung, besonders wenn ich auf ein lautes und unangenehmes Volk stosse.

Üblicherweise ist mit der Bezeichnung Tan-t'ien nur das Zentrum im Unterbauch gemeint. Genau genommen wird derselbe Begriff aber auch für die beiden anderen hauptsächlichen Energiezentren verwendet, jenes im Herzbereich und jenes in der Kopfregion.

- unteres Tan-t'ien Unterbauch
- mittleres Tan-t'ien Brustraum
- oberes Tan-t'ien Kopfbereich

Traditionell richtet sich der Großteil der Tan-t'ien-Praxis auf den Bereich des natürlichen Schwerpunkts. Erst wenn der Mensch sich dort stabilisiert hat, verlagert sich seine Praxis in die beiden oberen Energieregionen.

Das untere Tan-t'ien im Becken verbindet den Menschen wie schon betont mit der Erde, das mittlere Tan-t'ien im Brustraum verbindet ihn mit dem Gegenüber. Und im oberen Tan-t'ien der Kopfregion öffnet der Mensch sich dem Himmel und der kosmischen Dimension.

So versinnbildlichen Bauch, Herz und Kopf drei fundamentale Ebenen unserer menschlichen Existenz.

Bauch > Erde/Körper > Energie > vorpersönlich
Herz > Mensch/Wesen > Beziehung > persönlich
Kopf > Geist/Himmel > Transzendenz > überpersönlich

Der Weg des Tao bringt die drei Energiefelder, Bauch, Herz und Kopf zueinander in Harmonie. Erst der harmonische Gleichklang der drei Regionen ermöglicht es uns, das Leben umfassend in Fülle, Freiheit und Spontaneität auszudrücken.

Stehen

Das bewusste und entspannte Stehen mit leicht gesenktem Becken ist die wesentlichste aller taoistischen Energieübungen. Dadurch wird die Kraft der Erde über die Fußsohlen aufgenommen, und zugleich wird die Energie des Himmels über den Scheitel des Kopfes empfangen. Die Kraft der Erde und die Kraft des Himmels vereinigen sich in der Beckenregion.

Kleiner Himmlischer Kreislauf

Die bekannteste energiebezogene Meditationsform im Bereich des Taoismus ist die Übung des Kleinen Himmlischen Kreislaufs. Er ist das Herzstück der taoistisch alchemistischen Praxis. Hier wird das Ch'i entlang der beiden Hauptbahnen im Energiesystem geführt. Als Folge davon wird der Fluss der inneren Energie verstärkt, die Energiezentren werden geöffnet, und überdies werden sie ausgeglichen. So gelangen wir zu mehr Ruhe und Klarheit und zu einem prägnanten Gewahrsein.

In der einfachsten Variante des klassischen Kleinen Himmlischen Kreislaufs nehmen wir die Atmung zu Hilfe. Mit der Einatmung ziehen wir das Ch'i die

Wirbelsäule entlang zum Scheitel hoch. Mit der Ausatmung lassen wir es entlang der Mitte der Vorderseite des Körpers nach unten strömen.

Selbstverständlich kann der Atem nicht durch die Wirbelsäule fließen. Schickt man aber das Bewusstsein mit dem Fluss des Atems entlang der Bahn des Kleinen Kreislaufes, ist es so, als atme man tatsächlich durch diesen Energiekanal.

STILLE

Wenn alle Gedanken
Erschöpft sind,
Gehe ich in den Wald
Und sammle
Eine Handvoll Hirtentäschelkraut.

Wie ein kleines Bächlein
Durch bemooste Felsspalten
Seinen Weg findet,
So, auf eine stille Weise,
Werde auch ich klar
Und durchscheinend.

Ryokan (1758 – 1831)

> In der Stille wird die Wahrnehmung des Tao geboren.

Im traditionellen indischen Yoga dienen die Körperstellungen, die Asanas und die Atempraktiken, das Pranayama, als Zwischenschritte und als Vorbereitung für die Phasen der Meditation. Ebenso bildet auf dem Weg des Tao die Energiearbeit in ihren unterschiedlichen Formen das ideale Fundament für die Wahrnehmung der inneren Stille. Ein Körper, der gelockert und entspannt ist und in dem die innere Energie ausgeglichen fließt, bildet eine hervorragende Voraussetzung für die Meditation. Sind Körper und Geist verspannt und der Fluss des Ch'i gehemmt, wird die Erfahrung der inneren Stille erschwert oder verunmöglicht.

Es gibt die äußere Stille an Orten in der Natur oder auch die Stille zu Hause mitten in der Nacht. Und es gibt die innere Stille, die sich einstellt, wenn die Gedankentätigkeit in uns abebbt. Äußere und innere Stille sind wie die zwei Seiten des einen Phänomens. Die äußere Stille kann uns helfen, die innere Stille zu entdecken und zu vertiefen. Eine gute Grundlage, die innere Stille zu kultivieren, liegt in der Vereinfachung unseres oft komplexen und hektischen Alltags. Je friedsamer und unkomplizierter sich unsere äußere Umgebung gestaltet, desto einfacher ist es, die innere Stille zu erfahren. Aus diesem Grund haben sich in der Vergangenheit Suchende der mystischen Traditionen aus der geschäftigen Welt in die Ruhe und Einsamkeit von Klöstern und Einsiedeleien zurückgezogen.

> Die Erfahrung der Stille wird am leichtesten erreicht über die Meditation.

Für gewöhnlich überlagert das sogenannte Alltagsbewusstsein die wahre Natur unseres Geistes. Durch das Eintauchen in die Stille beginnen wir, den reinen Geist in uns freizulegen. In der fernöstlichen Mystik verwendet man dafür mit Vorliebe die Metapher des Spiegels. Unsere reine Natur gleicht einem unbefleckten, klaren Spiegel, den unser Denken und Fühlen mit seiner Gier und Angst staubgleich bedeckt. Das wiederholte und immer tiefere Eintauchen in die Stille löst letztendlich die störenden emotionalen und gedanklichen Verschleierungen auf, und der Geist spiegelt sich in seiner ursprünglichen Reinheit. Kehrt der Geist ganz in sich selbst zurück, verschwindet die getrennte Erfahrung von Ich und Welt. Die Traumhaftigkeit des Ichs und der 'Zehntausend Dinge' wird erkannt. Man nennt dies die Wesensschau des Tao. Unsere ursprüngliche Natur ist vollkommenes Gewahrsein. Gewahrsein ist die Sprache des Tao.

Du fragst mich, warum ich
In den blauen Bergen weile.
Ich lächle, und sage nichts,
Wahre im Herzen die Stille.
Pfirsichblüten treiben im Wasser
Hin zu den dämmernden Fernen;
Himmel und Erde sind hier
Anders als in der Menschenwelt.

Li T'ai Po (701 – 762)

Raum

Der offene und leere Raum ist ein Sinnbild für unsere wahre Natur. Die bewusste Öffnung zum unendlichen Raum hin hilft uns, der Grenzenlosigkeit des Bewusstseins in uns gewahr zu werden. Wenn wir im Ich gefangen sind, hat die Welt keine Weite, sie ist eng, und wir sind voller Angst. Eine auf den Raum gerichtete Meditation führt uns wie von selbst zu unserem wahren Geist zurück. Das Erlebnis der Weite bewirkt eine innere wie auch eine äußere Befreiung.

Meditationsübung mittels Ausdehnung des Energiekörpers in den Raum

Wir lassen die Schultern fallen, entspannen Kiefer, Zunge und Augen
Wir spüren unseren Körper und lassen ihn als Vibration lebendig werden
Wir spüren die Körpervorderseite und geben ihr Raum
Wir spüren die Körperhinterseite, die Seiten rechts und links und geben ihnen Raum
Wir spüren, wie sich der ganze Körper in den Raum um uns und über uns hin öffnet
Wir verweilen in diesem Gefühl von Ausdehnung im und um unseren Körper

Meditationsübung mittels Gewahrsein des Raums mit offenen Augen

Schau in den weiten, offenen Himmel
Atme den Raum in dich hinein
Lass ihn in dir sich auflösen, während Du ausatmest
Je mehr Raum du in dich hinein nimmst,
Desto klarer und weiter wird dein Geist
Der äußere und der innere Raum werden eins

> Im Gefühl des Geweitetseins verlieren Gedanken und Emotionen ihre Wucht.

Den Geist auf den äußeren Raum gerichtet,
Leer, alles durchdringend, unzerstörbar
Und frei jeglicher Begrenzung,
Erkennt man die eigene innere Raumhaftigkeit,
Das reine, strahlende Bewusstsein.

Vijñana Bhairava Tantra, Vers 128
Kashmirischer Shaivismus

WEISHEIT

Nachsinnend über siebzig Jahre,
Habe ich aufgehört, menschliches Richtig und
Falsch zu werten.
Nächtlicher Schnee verwischt die Spuren der
Spaziergänger.
Ein glimmendes Räucherstäbchen unter einem
alten Fenster.

Ryokan (1758 – 1831)

Weisheit ist keine Errungenschaft des Verstandes – sie ist eine Form ursprünglicher Intelligenz.

Der Weg der Weisheit ist der Weg der Kontemplation und Einsicht. Es ist ein Weg, der ein gewisses Maß an Wachheit und innerer Ruhe voraussetzt. Kultivieren wir diese Qualitäten und haben wir die mystisch taoistische Lehre verinnerlicht, so entwickeln wir unwillkürlich ein bestimmtes Maß an Gleichmut gegenüber des unaufhörlichen Wandels um uns herum. Wir verstehen, dass Verlust, Verfall und Tod für das Ganze ebenso wesentlich ist wie Gewinn, Wachstum und Leben. Wir erkennen wie Gier und eine Vielzahl von Wünschen die innere Ruhe beeinträchtigen. Wir begreifen wie starres Haften an Gewohnheiten, an materiellen Dingen und an festen Vorstellungen dem Tao zuwiderläuft. Wir sehen ein, dass wir nur Konflikte erzeugen, wenn wir die Dinge immer auf dieselbe vertraute Art und Weise tun wollen, ungeachtet der wechselnden äußeren und inneren Bedingungen.

Besonnenheit und Flexibilität sind unerlässliche Eigenschaften, um mit dem Leben fließen zu können. Es gibt im Universum nichts Festes, alles und jedes ist in ständigem Wandel begriffen. Die Haltung auf dem taoistischen Wege ist immer eine der inneren Beweglichkeit. Zugleich ist sie aber auch eine Haltung der inneren Bestimmtheit, nicht nur in Gedanken, sondern auch im Tun. Diese Einstellung erlaubt es, sich den Veränderungen im Leben anzupassen, ohne die wesentlichen Ziele aus den Augen zu verlieren.

Die Einsicht in die Unbeständigkeit des Lebens ist ein Zeichen von Weisheit. Im angstbesetzten Streben nach Sicherheit zeigt sich letztlich die starke Identifikation mit einem Ich und einem Körper. Die weisheitsvolle taoistische Betrachtung ermöglicht es, den unvermeidlichen Verwerfungen des Lebens mit mehr Gelassenheit zu begegnen und die Dinge als unterschiedliche Manifestationen des einen Tao anzunehmen. Nichts im Universum ist vom anderen getrennt, alles ist miteinander verwoben. Obwohl die Wirklichkeit des Tao leer ist, nimmt sie paradoxerweise zugleich auch tausenderlei Gestalten an.

> Neben umfassender Harmonie ist Weisheit die Essenz taoistischen Strebens.

Die Parabel vom entlaufenen Pferd

Es war einmal ein alter chinesischer Bauer, welcher in seinem armen Dorf als wohlhabend galt, da er ein Pferd besaß, mit dem er pflügen und Lasten befördern konnte. Eines Tages lief ihm das Pferd fort, worauf er und sein Sohn den Pflug selbst über die Felder zu ziehen hatten.
«Was für ein Unglück!», sagten die Nachbarn zu dem Bauern mitleidsvoll.
Der Bauer jedoch antwortete nur: «Wer weiss.»

Eine Woche später ging der Bauer aufs Feld, um seine Arbeit zu erledigen, als er sein Pferd erblickte. Das Tier war zurückgekommen und hatte noch drei Wildpferde mitgebracht.
«Was für ein Glück!», sagten die Nachbarn zu dem Bauern erstaunt und auch ein wenig neidisch.

Worauf der Bauer antwortete: «Wer weiss.»
Kurze Zeit später versuchte der Sohn des Bauern
eins der Wildpferde einzureiten, was dem Wild-
pferd jedoch gar nicht behagte. Das Pferd stieß
den Jungen ab. Er fiel hart auf den Boden und
brach sich das rechte Bein.
«Was für ein Unglück er doch hat!», sagten die
Nachbarn zu dem Bauern mit mitleidigen Gesichtern.
Der Bauer aber antwortete: «Wer weiss.»
Ein paar Tage später brach der Krieg aus, und
sämtliche jungen Männer wurden zum Kriegs-
dienst einberufen, um in die Schlacht zu ziehen.
Nur den Sohn des Bauern ließen sie zurück, da
man ihn mit seinem gebrochenen Bein in der Ar-
mee nicht gebrauchen konnte.
«Was für ein Glück dein Sohn doch hat!», sagten
die Nachbarn zu dem Bauern erstaunt und auch
ein wenig neidisch.
Der Bauer antwortete: «Wer weiss.»

Daher: Unglück bewirkt Glück
und Glück bewirkt Unglück.
Dieses passiert ohne Ende
und niemand kann es abschätzen.

aus der taoistischen Geschichtensammlung 'Huai-
nan-tzu' (2. Jh. v. Chr.)

Die Parabel lehrt uns, dass wir immer nur einen Aus-
schnitt der Wirklichkeit zu sehen vermögen. Daher
sollten wir mit Urteilen und Bewertungen stets vor-
sichtig sein.

Seht ihr den Mond dort stehen?
Er ist nur halb zu sehen,
Und ist doch rund und schön.
So sind wohl manche Sachen,
Die wir getrost belachen,
Weil unsere Augen sie nicht sehn

Abendlied
Matthias Claudius (1740 – 1815)

NATUR

Aus taoistischer Sicht ist der Mensch nichts anderes als der Mikrokosmos des Universums. Sein Körper ist eine Spiegelung unseres Planeten im Kleinen. Diese Beziehung zwischen Mikrokosmos und Makrokosmos ist zutiefst ökologisch. Unser materieller Körper ist aus den Komponenten der Erde geformt, unser Blut ist nicht verschieden vom Wasser des Meeres. Die Luft in unseren Lungen ist dieselbe Luft, in der die Vögel fliegen. Und der leere Raum über uns ist die äußere Entsprechung des inneren Raums unseres Bewusstseins.

Von den frühen Taoisten wurde die Natur als ganz von Leben erfüllt wahrgenommen. Sie wussten um die Wechselbeziehung zwischen Yin und Yang, zwischen Mensch und Umgebung und bemühten sich, im Einklang mit den Rhythmen der Natur zu leben.

> Aus taoistischer Sicht ist die Natur ein großes atmendes Ganzes.

Ihre tiefe Beziehung zur Natur zeigte sich auch an den Orten, welche die Taoisten des alten China und oft auch die zenbuddhistischen Einsiedler bewohnten, oder die sie aufsuchten. Idealerweise spielte sich ihr Leben an Plätzen ab, die inmitten von Bambus und Kiefern lagen oder neben Felsen, Bächen und Wasserfällen. Von hier aus betrachteten sie den Wandel in der Natur und nahmen deren Wesen zu ihrem Leitbild.

Das klassische Bild des unnachgiebigen Baumes, der niedergedrückt oder gebrochen wird im Gegensatz zum biegsamen Bambus, der den Sturmwind übersteht, wurde zu einem Ideal für die anpassungsfähige taoistische Lebensweise. Und die Kontemplation der konstanten Veränderungen in der Natur und in den Dingen inspirierte eine Haltung des Nicht-Anhaftens gegenüber der Welt.

Es gibt Zeiten, in denen der Anblick einer Blume oder das Geräusch eines in den Teich fallenden Regentropfens mehr verrät über die Realität als sämtliche tiefgründigen Lehren.

John Blofeld (1913 – 1987)

Unsere moderne Gesellschaft hat eine gestörte Beziehung zur Ebene des Körpers. Diese Dysfunktionalität äussert sich deutlich im verlorengegangenen Gefühl der Verbundenheit mit unserem makrokosmischen Leib, der Erde. Die gravierende und fortschreitende

Zerstörung des ökologischen Systems unseres Planeten ist für diesen Verlust ein überdeutliches Zeichen. Schnellen Schrittes sind wir dabei, die eigene Lebensgrundlage zu vernichten. Unser Umgang mit der Natur ist berechnend und kalt geworden, als würden wir es mit einer Ansammlung lebloser, mechanischer Prozesse zu tun haben.

Für die Existenz der Erde ist es unerlässlich, unser durch Gier und Unbewusstheit ruiniertes Verhältnis zur Natur zu korrigieren. Dazu muss der Mensch erneut das Bewusstsein entwickeln, ein integraler Teil der Natur zu sein. Er muss einsehen, dass er ein Fragment des Einen Lebens ist, dass sich in unzähligen Formen im Universum ausdrückt. Statt die Natur dominieren und manipulieren zu wollen, muss er lernen, in Harmonie mit ihr zu wirken. Die Handlungen des Menschen müssen wieder in Eintracht mit den Grundprinzipien des Tao sein, die sich in der Natur widerspiegeln. Er muss begreifen, dass ein dynamisches Gleichgewicht die ganze Natur durchzieht und sie erhält.

Die taoistische Sicht auf die Natur kann uns in unserer von Destruktivität geprägten Zeit inspirieren und helfen. Durch das Erkennen, wie alles Teil desselben Lebens ist, wird es unmöglich, einander auszubeuten und die Erde zu zerstören.

Um einen intensiveren Bezug zur Natur herzustellen, sollten wir uns vermehrt in ihr aufhalten und uns bewusst ihr gegenüber öffnen, so wie es die altehrwürdigen Taoisten taten. Die Kräfte der Natur sind nicht nur belebend für Körper und Geist, sie wirken auch beruhigend und ausgleichend auf uns. Durch eine tiefere Beziehung zur Natur entwickeln wir von alleine eine tiefere Beziehung zum Leben selbst.

Vor Jahren zog ich mich für eine gewisse Zeit in die Einsamkeit zurück. Der Rückzug bedeutete den Verzicht auf die Welt der vielen Dinge und eine Abkehr von den stets gegenwärtigen Ablenkungen.

Meine Einsiedelei befand sich im Süden Spaniens an den Flanken des Mulhacén, des höchsten Berges auf der iberischen Halbinsel. Es herrschte Winter, die Gebirgskämme der Sierra Nevada lagen in Schnee. Die Landschaft war wild und karg. Ohne die Lichtverschmutzung der modernen Zivilisation leuchteten in der klaren und reinen Luft die Sterne nachts besonders hell.

Nie war ich der Natur je so nahe. Jeden Morgen sah ich wie aus der Dämmerung die Umrisse der Berge erwachten. Ich sah sie im zunehmenden Licht zu festen Formen werden und sich am Abend wieder in der Dunkelheit auflösen. Ich wurde bewusster Zeuge des natürlichen Prozesses in der Natur in allen ihren Stadien: im Werden, im Verharren, im Vergehen. Mehr und mehr erfuhr ich mich als nicht getrennt von der Natur. Der Wind, der mich streifte, war auch ein Teil von mir. Der Boden, den meine Füsse berührten, gehörte zu mir. Das dürre Gras, das Gezwitscher der Vögel, die schwebenden Wolken; in ihnen wirkte dasselbe Leben wie in allen Dingen. Ich erkannte die Natur als ein einziges lebendiges Wesen.

Neben der kraftvollen Präsenz der Natur war die Gegenwart der Stille eine weitere Erfahrung, die mich tief durchdrang. Das Säuseln des Windes und der Ruf der Vögel akzentuierte diese Stille tagsüber. Und nachts erschien mir die Stille wie ein kaum wahrnehmbarer einstimmiger Ton. Die äussere Stille des Tages und der Nacht entsprach je länger je mehr der Stille in mir. Ohne Zerstreuungen dehnte sich, besonders während der Meditation, eine tiefe Ruhe in mir aus. Die Gedanken in meinem Geist waren zwar immer noch da, doch glichen sie ziehenden Wolken vor der Weite eines grenzenlosen Himmels.

> Wir sind mit allen Dingen innig verwoben.

Herbstnacht – ich kann nicht schlafen
Und verlasse meine winzige Hütte.
Herbstinsekten rufen unter den Felsen,
Die kalten Zweige sind nur spärlich belaubt.
Weit weg, aus des Tales Tiefe, der Klang des
Wassers.
Langsam steigt der Mond über die höchste
Bergspitze,
Lange stehe ich da, und meine Robe wird feucht
vom Tau.

Ryokan (1785 – 1831)

KUNST

Am Dung-Ting-See

Wenn sie vom großen Dung-Ting-See erzählten,
bewegte sich das Herz mir und der Sinn.
Nun steh ich selber auf dem Yo-yang-Turm
und blicke staunend übers Wasser hin.

Die Länder Wu und Chu vergehn im Dunst,
im Wasser schwebt des Abendhimmels Glut.
Ich sehe, wie das Weltall in der Zeit,
die Zeit im Nebelglanz des Weltalls ruht.

Tu Fu (712 – 770)

Die taoistische Auffassung der Natur übte auch einen
beträchtlichen Einfluss auf die Kunst des Fernen Ostens aus. So prägte die Weltsicht des Tao Künste wie
die Malerei, die Kalligraphie und die Poesie. In der
Malerei zeigt sich der taoistische Geist vorab in der
Kunst der bloßen Andeutung. Feste Dinge wie Berge,
Felsen und Wälder sind auf den Gemälden häufig von
Wolken oder Nebel umhüllt und wirken dabei nahezu
substanzlos. Sie scheinen direkt aus einem Nichts auf-

zutauchen oder wieder dorthin zu verschwinden. In den majestätischen Landschaften treten die Menschen völlig zurück, sie wirken wie ein Ausdruck ihrer eigentlichen Bedeutungslosigkeit im grenzenlosen Universum. Im Vergleich zur unermesslichen Leere des Himmels ist das menschliche Wesen hier geradezu frei von Belang.

In der Poesie stehen Nebel und weiße Wolken oft als Symbole für die Flüchtigkeit aller Dinge, für die Traumhaftigkeit ihrer Erscheinung. Der Mond hinter den Nebelschleiern versinnbildlicht das verborgene Wesen des Tao, der Wind in den Kiefern das alles bewegende Ch'i. Durch all das leuchtet unterschwellig der kosmische Urgrund in seiner unfassbaren Gestalt.

In solchen Darstellungen, ob gemalt oder in Worten, wird die poetische Intuition eins mit der Erfahrung des Tao. Dessen Geist führt unweigerlich in jene unergründliche Sphäre hinter den Dingen. Wir werden sozusagen in die Einheit des Tao hineingezogen und spüren sein Wesen in uns. Die heitere Gelassenheit in den Bildern und Gedichten überträgt sich auf uns.

> Das Hauptanliegen der taoistischen (und zen-buddhistischen) Kunst liegt stets darin, einen Zustand inneren Friedens zu erreichen.

Scheinbar bedeutungslose Objekte wie zum Bei-
spiel eine Libelle auf einem Zweig erwecken im
Betrachter unvermittelt die Eingebung, dass das
kleinste Geschöpf einmalige Verkörperung eines
endlosen und heiligen Allumfassenden ist, Aus-
druck der nicht zu begreifenden Unermesslich-
keit des Tao. Alles scheint von einem wundervol-
len Geheimnis erfüllt, das sich sogleich enthüllen
wird. Ein unheimliches Gefühl weckend, dass
alles in der Natur als vibrierende Lebendigkeit
begreift.

John Blofeld (1913 – 1987)

Die Lektüre von taoistischen und zenbuddhistischen Gedichten als meditative Praxis

Einst verbrachte ich einige Zeit in einem buddhistischen Zentrum in Frankreich.

Dort gibt es im Garten einen Teich, in dessen unmittelbarer Nähe ich abwechslungsweise Ch'i Kung mit Meditation übte. In der hauseigenen Bibliothek hatte ich eine Sammlung chinesischer und japanischer Gedichte gefunden, die ich mit zum Teich nahm, um zwischen meinen Übungen darin zu lesen.

Taoistische und zenbuddhistische Gedichte sind eigentlich mehr als 'nur' Gedichte: Sie spiegeln eine Art und Weise, die Welt zu betrachten und in ihr Tieferes wahrzunehmen. Ein Augenblick im Alltag, eine Bewegung oder Erfahrung, werden in ihrer Ganzheit eingefangen und mit Worten benannt. Meister der ostasiatischen Dichtkunst haben oft Jahre mit Reisen zugebracht. Sie sind in der Natur gewandert, haben beobachtet, nachgesinnt und meditiert. Dabei haben sie ihre Einsichten in das Geheimnis des Lebens zu zeitlosen kleinen literarischen Perlen geformt.

Diese alten Dichter erkannten, dass sich die wahren Gegebenheiten am ehesten in den alltäglichen Dingen und Handlungen offenbaren. Unsere persönlichen Vorstellungen von Wert, politischer Richtigkeit, Schönheit, Häßlichkeit, Größe, Kleinheit, das alles war für sie relativ und bestand nicht als ein fixes Mass außerhalb unserer menschlichen Betrachtungsweise. Nirgendwo in der Natur waren Sicherheit und Unveränderlichkeit zu finden. Es ging den weisen Dichtern darum, durch das Annehmen der unabdingbaren Veränderlichkeit aller Dinge und durch Das-Sich-Öffnen dem Unbekannten gegenüber eine große Gelassenheit zu entwickeln.

Nachdem ich ein paar Gedichte gelesen und auf mich hatte wirken lassen, erhob ich mich von der Holzbank neben dem Teich und nahm meine Übungen wieder auf. Ich bemerkte, wie die Bilder in den Gedichten in meinem Geist nachhallten. Dabei kam es mir vor, als hätte die Distanz zwischen mir und der Natur um mich herum sich verringert. Alles schien nah, klar und leuchtend: der Bambushain hinter dem Teich, die Fische im Wasser, die Blumen. Ich erkannte, dass ich ein integraler Teil der Umgebung war. Ein jedes Ding existierte in Beziehung zu allen anderen Dingen, alles war mit allem energetisch verbunden. Der Einfluss der Lyrik auf mich, in Verbindung mit der Wirkung der meditativen Übungen hatte in mir vorübergehend eine geistige Weitung ausgelöst.

So wurde mir bewusst, dass eine bemerkenswerte Seelenverwandtschaft zwischen dieser Art von Poesie und dem Geist meiner Übungen bestand. Sie stammten aus derselben kulturellen Quelle des Fernen Ostens und deuteten in ihrer Essenz auf das Gleiche hin. Ihr fundamentaler Geist war derselbe, ihre jeweilige Wirkung verstärkte sich in der Kombination gegenseitig.

Übung

Wir bestimmen eine Umgebung, die für unsere Mediation und Kontemplation hilfreich ist. Um dem taoistischen Geist der Lyrik näher zu kommen, dürfte dies idealerweise ein Platz in der Natur sein.

Dort lassen wir unsere Atmung erst einmal ruhig und tief werden.

Dann nehmen wir unseren Körper und unsere Körperhaltung wahr.

Falls wir uns in der Natur befinden, betrachten wir die Pflanzen um uns herum, die Bäume; vielleicht gibt es Felsen oder große Steine, einen Bach, einen Teich, einen See oder wir sind am Meer. Wir betrachten den weiten Himmel über uns.

Jetzt stellen wir uns vor, wie wir uns weit in unsere Umgebung ausdehnen.

Nach einer gewissen Zeit, wenn wir spüren, daß wir uns mit unserer Umgebung verbunden haben, nehmen wir das Buch oder die Blätter mit der Lyrik zur Hand und führen uns ein oder mehrere Gedichte zu Gemüte.

Wir lassen uns von den lyrischen Bildern tief durchdringen. Wir versuchen, sie in uns zu empfinden und
ihre Unmittelbarkeit wahrzunehmen.

Hier das Beispiel eines der berühmtesten Gedichte aus
der japanischen Haiku-Tradition:

Stiller Weiher.
Ein Frosch springt hinein:
Wassergeplätscher.

Basho (1644 – 1694)

Ein Haiku ist ein winziger Teil des Lebenspanoramas
in Worte gefaßt.

Weiher
Frosch
plop!

All dies geschieht im selben zeitlosen Moment.

Können wir gegenwärtig sein wie der Weiher, die See-
rosen, der Frosch... zeitlos gegenwärtig, ohne ein Zu-

viel an störenden Gedanken? Können wir erkennen, dass alles Teil eines großen Ganzen ist?

Mit dieser vertieften Wahrnehmung des Lebens, in diesem Gefühl der Ausdehnung, setzen wir unsere meditative Praxis fort.

Sie ist jetzt tiefgründiger und umfassender geworden. Es durchdringt sie eine erhöhte Qualität.

TAO und BUDDHA

Im Glauben, die Erscheinungen seien wirklich,
Nimmt man den reinen Geist dahinter nicht
wahr.
Sieht man die Erscheinungen als traumhaft,
Erkennt man in ihnen zugleich auch den reinen
Geist.

Seng Ts'an (um 600)
Inschrift vom Vertrauen in den Geist

Die ersten Übersetzer buddhistischer Schriften aus dem Sanskrit ins Chinesische verwandten Begriffe der taoistischen Lehre. So wurde das Konzept der Absoluten Wirklichkeit im Mahayana-Buddhismus oft mit der Idee des Tao gleichgesetzt. Zwischen der Weltsicht der beiden Traditionen, dem Mahayana-Buddhismus und dem Taoismus, gibt es erstaunliche Parallelen. Beide betonen die grundsätzliche Leere der gegenständlichen Welt. Beide erklären, dass kein Ding von Dauer ist, und dass nichts unabhängig von anderen Dingen existieren kann. Sämtliche Phänomene im Universum werden als traumhaft erkannt.

Ein Abendtraum – es muss wohl alles
Eine Illusion gewesen sein;
Nicht einmal einen Teil dessen, was ich sah,
Kann ich treffend erklären.
Und doch schien mir im Traum, als ob die
Wahrheit
Direkt vor meinen Augen läge.
Heute Morgen, wach – ist das nicht
derselbe Traum?

Ryokan (1758 – 1831)

Als Folge der Begegnung des Taoismus mit dem indischen Mahayana-Buddhismus entwickelte sich eine eigene Form chinesischer Spiritualität, der Chan-Buddhismus. Jahrhunderte später breitete sich diese Fusion und ihr Begriff in Japan unter dem Namen Zen aus. Das taoistische Prinzip von Yin und Yang findet seine buddhistische Entsprechung im Grundsatz von Leerheit und Form. Das Ziel des Chan oder des Zen, die Erleuchtung, deckt sich völlig mit der mystisch verstandenen taoistischen Lehre der Realisierung der Unsterblichkeit. Unsterblichkeit bedeutet hier nicht etwa eine körperliche oder persönliche Unsterblichkeit, auch wenn dies später in gewissen taoistisch-alchemistisch orientierten Kreisen so interpretiert wurde. Mit Unsterblichkeit ist in der taoistischen Mystik die Erkenntnis der unvergänglichen Natur des Geistes, die Realisation des Tao gemeint. Ein Unterschied zwischen Chan und der mystischen Spielart des Taoismus besteht einzig darin, dass die Taoisten die Anwendung sowohl körperlicher als auch energetischer Praktiken auf ihrem Weg betonen. Taoistische Techniken wie das Bewegen, Läutern und Transformieren der inneren Energie, des Ch'i, sind weniger abstrakt, und sie sind erdverbundener als die indisch-buddhistischen Meditationssysteme.

Von einem gewissen Erkenntnisstand an verblassen die Unterschiede zwischen Taoismus und Zen jedoch zusehends. Der Taoismus ist in seiner höchstentwickelten Form identisch mit Zen. Ebenso ähneln sich auch die Beschreibungen über die direkte Erfahrung und Einsicht in die wahre Natur des Geistes oder in das Göttliche in den unterschiedlichen mystischen Traditionen.

Eine Verschmelzung aus indischem Buddhismus und Facetten der indischen spirituellen Kultur mit dem heimischen chinesischen Taoismus spricht auch aus dem Wirken Bodhidharmas, einem Ahnherrn des Chan, und dessen Nachfolgern. Es heißt, der bekannte indische Mönch und Yogi habe im zur Ergänzung der stillen Meditation eine Kombination aus Yogaübungen und taoistischer Energiearbeit im Kloster Shaolin gelehrt. Selbst die Anfänge der dort entwickelten Kampfkünste werden legendenhaft auf den vielbeschworenen Zen-Meister zurückgeführt.

Bemerkenswerterweise hat auch der berühmte japanische Zenmönch, Maler und Kaligraph Hakuin Ekaku Übungen aus dem Taoismus in seine buddhistische Praxis und Lehre integriert. Körperlich krank und geistig geschwächt aufgrund jahrelanger extremer und einseitiger Sitzmeditation, hatte Hakuin den vom Taoismus geprägten Einsiedler Hakuyushi in den Bergen über Kyoto aufgesucht. Dieser lehrte ihn taoistische Energieübungen, welche die körperliche und geistige Verfassung Hakuins wieder herstellten. Nach seiner Gesundung entwickelte Hakuin Ekaku eine Methode, welche er die 'Zwei-Flügel-eines-Vogels' nannte. Den einen Flügel bezeichnete er als 'Rikan', die Kontemplation der Wahren Natur. Den anderen Flügel nannte er 'Naikan', die Kontemplation (oder hier Praxis) der inneren Energie, des Ch'i. Beide Flügel, also eben beide Methoden, erachtete Hakuin als gleichwertig und wesentlich in ihrem Zusammenspiel auf dem geistigen Pfad zur Erleuchtung.

Schweigend und in heiterer Gelassenheit sind alle Worte vergessen:
Leuchtend klar und voll Leben erscheint es vor Dir.
Wenn man es gewahr wird, ist es unermesslich und ohne Anfang und Ende;
In seinem wesenhaften Licht wird man alles erst wirklich gewahr.

Ein einzigartiger Spiegel ist dieses strahlende
Bewusstsein,
Voll von Wundern ist dieses reine, lautere
Widerspiegeln.
Der Tau und der Mond,
Die Sterne und die Flüsse,
Der Schnee und die Föhren,
Und die schwebenden Wolken über den
Berggipfeln -
In diesem Spiegeln endet alles absichtsvolle
Streben.

Hung-chih Cheng-chüeh (1091 – 1157)
aus den Anmerkungen über
'Das heiter-gelassene Widerspiegeln'

TAO und ALLTAG

Berichtige die Verhältnisse,
Bevor sie außer Kontrolle geraten.
Ordne die Dinge, bevor sie sich verwirren.
Ein mächtiger Baum sprießt aus einen winzigen
Schössling.
Ein Wohnturm fängt mit einem Haufen Erde an.
Eine Reise von Tausend Meilen beginnt mit einem
Schritt.

Tao te Ching 64

Auf dem Weg des Tao ist es hilfreich, unser geschäftiges Lebenstempo etwas zu drosseln. Wie betont, sollten wir versuchen, uns immer wieder bewusst zu entspannen und innerlich loszulassen. Entspannung des Körpers und Beruhigung des Geistes ist ein erster und zugleich essenzieller Schritt in der taoistischen Praxis. Wenn Stress und emotionale Anspannung unser Leben dominieren, wird unser Ch'i zusehends ausgelaugt. Chronische Überlastung und falsche Ernährung erzeugen unwillkürlich ein trübes und mattes Gewahrsein von sich und der Welt.

Die 3 grundsätzlichen taoistischen Themen, die es in unser tägliches Leben zu integrieren gilt sind:

die Methoden der Energiearbeit und Meditation

das Erinnern an unsere wahre Natur, das Tao

die universellen Weisheiten reflektiert im Taoismus

Die Methoden der Energiearbeit und Meditation

Regelmäßige Praxis, bestenfalls zu mehr oder weniger festgesetzten Zeiten, ist das Entscheidende für den Fortschritt auf dem Weg. Von unschätzbarem Nutzen ist es über den Tag hin, Methoden aus der Palette der Energiearbeit kurz anzuwenden und dadurch das Ch'i zu stimulieren und auszugleichen. Wir sollten uns auch Zeit nehmen, Momente stiller Meditation oder bewussten Hier-Seins in unseren Alltag einfliessen zu lassen.

Falls wir von großer innerer Unruhe oder Nervosität ergriffen werden, atmen wir ein paar Minuten lang tief in den Bauch und entspannen danach den Körper. Die Tiefenatmung mit folgender Entspannung beruhigt nicht nur den Geist, sondern sie aktiviert und reguliert, genau wie die Energieübungen, den Fluss des Ch'i im Organismus.

Grundlegend ist auch die Fähigkeit einer erhöhten Bewusstheit. Dieses vertieft nicht nur jede unserer Handlungen, sondern sie zeigt uns auch sogleich an, wenn wir aus unserer Mitte gefallen sind. Je früher wir den Verlust des inneren Gleichgewichts wahrnehmen, desto einfacher finden wir es neu wieder. Ein wiederholt praktiziertes bewusstes Innehalten öffnet uns unserem inneren, im Hintergrund stets gegenwärtigen Gewahrsein.

Die Erinnerung an unsere wahre Natur

Hier üben wir uns in jener mystischen Schau, die besagt, dass wir alle in unserer tiefsten Schicht dieser ursprüngliche, reine Geist sind. Allein schon der Gedanke daran, kann die Kraft enthalten, uns für Momente dem Tao in uns und seiner Sprache der Weisheit ein wenig zu öffnen. Nicht nur versuchen wir, uns in jenem vollkommenen Licht zu sehen, sondern wir dehnen diese Sicht gleichsam auf alle Menschen aus. Auch die schwierigen und destruktiven Charaktere sind in ihrem eigentlichen Wesen, so befremdlich der Gedanke auch manchmal erscheinen mag, das Tao. Somit sind wir alle miteinander verwandt, und letztendlich sind wir eins.

Die universellen Weisheiten reflektiert im Taoismus

Indem wir uns den dauernden Wandel in der Welt vergegenwärtigen, erkennen wir die Unvorhersehbarkeit und eigentliche Unkontrollierbarkeit des Lebens. Wir sehen unser Leben und das Leben anderer als ein Wechselspiel verschiedener Faktoren. Durch diesen Blickwinkel verringern wir unsere Anhaftung an die Dinge. Mit der Zeit gewinnen wir dadurch ein Mehr an emotionalem Gleichgewicht und innerer Stabilität. Turbulente Momente vermögen uns zwar immer noch anzurühren, doch haben sie nicht mehr die Kraft, uns zu überwältigen und uns völlig aus der Bahn zu werfen.

Was gestern richtig war,
ist heute falsch.
In dem, was heute richtig ist,
woher weißt du, dass es nicht gestern falsch war?
Es gibt kein letztes Richtig oder Falsch.
Unvorhersehbar sind Gewinn und Verlust.

Ryokan (1758 – 1831)

Einzig durch stetiges Erinnern und Üben gelingt uns die Integration der taoistischen Erkenntnisse und

Methoden in unser tägliches Leben. Schließlich sind es unsere Reaktionen auf die verschiedenen Alltagssituationen, die über den Erfolg und die Tauglichkeit unserer Bemühungen entscheiden.

Natürlich ist es bei herausfordernden Situationen oft nicht möglich, sich in einen Modus von Meditation oder Entspannung zu versetzen oder die Weisheiten des Tao zu reflektieren. Manche Umstände verlangen von uns rasches Handeln. In solchen Situationen öffnen wir uns bewusst dem immerwährenden schöpferischen Fluss des Tao. Dieser tut sich durch Eingebungen und Kreativität kund. Das kreative Element in uns stärken wir durch eigene kreative Tätigkeiten oder durch die inspirierende Begegnung mit Musik, Gesang oder dem schöpferischen Wort. Die Intuition fördern wir, indem wir unser Bewusstsein mehr und mehr in unserer natürlichen Mitte verankern, dem Tan T'ien im Unterbauch.

Versuche immer wieder, nach innen auf den Zustand deines Geistes zu blicken.
Versuche dieses Gewahrsein in die täglichen Aktivitäten, sei es Gehen, Stehen oder Sitzen einzubauen.
Meditiere für kurze Augenblicke mit offenen Augen.
Sei inmitten der Ereignisse entspannt und gelassen.
Zen

Die ultimative Entspannung und Gelassenheit stellt sich aber nur dann ein, wenn wir unsere wahre Natur erkennen. Solange wir noch an irgendetwas haften, sei es an einer bestimmten Position, an Konventionen oder an uns selbst, sind wir immer noch subtil verspannt.

> Schliesslich geht es darum, die Ruhe und die Einsichten, die wir während unserer meditativen Praxis und unserer Kontemplation kultiviert haben, in unserem Alltag umzusetzen.

Auf dem Weg des Tao ist es wichtig, unnütze Bedürfnisse und Oberflächlichkeiten jeder Art zu erkennen und aufzugeben. Wir sollten uns bewusst werden, wie sehr die Sucht nach Zerstreuung und unzählige Wünsche unseren Geist fragmentieren und erschöpfen. Sind unsere Bedürfnisse weniger zahlreich, wird unser Leben wie von selbst einfacher. Gleichzeitig nimmt die Klarheit des Geistes zu, und die Kraft des Ch'i vertieft sich.

'Vereinfache dein Leben' lautet eine Maxime des Taoismus. Die altehrwürdigen Taoisten waren somit auf ihre Weise frühe Vorläufer der modernen Alternativbewegung im Westen mit deren Losung 'small is beautiful'.

Die Weisen sind gelassen im Alltag.
Was wichtig ist, verlieren sie nicht aus ihren Au-
gen.
Obwohl sie verlockenden Dingen begegnen,
Werden sie von ihnen nicht abgelenkt.

Tao te Ching 26

Neben der Einfachheit betont die taoistische Weisheit immer wieder, wie unklug es ist, nach Bekanntheit, Rang oder Reichtum zu streben. Wirkliche Weisheit besteht darin, anspruchslos zu sein.

Die Weisen wollen niemanden beeindrucken
Und verlangen nicht nach Anerkennung.
Sie streiten nicht, und daher streitet niemand mit
ihnen.

Tao te Ching 22

Eine bedeutende Qualität auf dem Weg des Tao ist das Prinzip des Maßhaltens. Buddha hat dafür den Begriff des Mittleren Weges geprägt. Wer Maß hält, und nicht das Extreme sucht, befindet sich emotional im Gleichgewicht und nimmt die Dinge, wie sie kommen. Wer sich täglich um innere Balance bemüht, versteht, sich dem Lauf der Dinge anzupassen und nicht sinnlos gegen den Strom einer Situation zu schwimmen.

Es ist kein Übel ärger als das Begehren.
Kein Unheil grösser als das Sich-Nicht-Begnügen.
Kein Fehler schlimmer als immer mehr wollen.
Nur wer sich in Genügsamkeit genügt
Hat stets genug.

Tao te Ching 46

Bedeutend ist die Erkenntnis, in Wirklichkeit keine Kontrolle über die Ergebnisse der eigenen Handlungen und schon gar nicht Kontrolle über die Folgen der Taten anderer zu haben. Dies ist das Wu Wei, das Nicht-Handeln oder das Wu Wei Wu, das Handeln ohne zu handeln. Im Bewusstsein des Wu Wei hegen wir keinerlei Erwartungen an den Ausgang unseres Tuns. Diese Einsicht und Haltung verhilft zu mehr Gelassenheit auch bei Misserfolg, denn wir sorgen uns weniger um die Auswirkungen unserer Entscheidungen. Damit bekommen die unvermeidlichen Wechselfälle des Lebens auch weniger Macht über uns. Mit dieser Haltung werden wir auch angesichts wesenswidrigen Bedingungen der Welt offen für die uns innewohnende wahre Natur.

Wird die Haltung des Wu Wei dauerhaft, werden wir Zeuge, wie das Universum durch uns und durch alles agiert. Die Erkenntnis, dass alles eine Manifestation des Tao ist und von diesem gestaltet wird, eröffnet in uns schliesslich eine tiefe Liebe zum Leben.

Die Weisen nehmen die Welt in ihrem Herzen auf.
Sie sind gut zu den Guten,
Und sie sind auch gut zu den Nicht-Guten.
Denn es ist gut, gut zu sein.
Die Weisen sind nicht eingebildet.
Sie sind achtsam, andere nicht wegzudrängen.
Ihr Herz ist offen und weit.
Ihr Leben ist ihre Lehre.
Sie behandeln alle wie gute Freunde.

Tao te Ching 49

Wenn der Mensch innerlich ganz ruhig geworden ist, dann mag er sich der Außenwelt zuwenden. Er sieht in ihr nicht mehr den Kampf und das Gewühl der Einzelwesen und hat deshalb die wahre Ruhe, wie sie nötig ist, um die Großen Gesetze des Weltgeschehens zu verstehen und dementsprechend zu handeln. Wer aus dieser Tiefenlage heraus handelt, der macht keinen Fehler.

I Ching 52
Das Stillehalten, der Berg

TAOISTISCHE FINGERZEIGE FÜR DEN ALLTAG

Halte inne und sei bewusst.

Lass Dich im Becken nieder.

Atme sanft in den Unterbauch. Die Atemzüge beim Ausatmen sind doppelt so lang wie beim Einatmen.

Spüre die Fülle und Kraft im Unterbauch.

Verbinde dich über das Gewahrsein im Tan-t'ien mit der Erde.

Entspanne dich und erlaube der innewohnenden Weisheit sich zu offenbaren.

Werde deiner Anhaftungen bewusst und nehme eine Haltung des Nicht-Anhaftens ein.

Sei tätig in der Welt, aber binde dich nicht an sie.

Lass los und sei frei.

Erkenne, dass die Gedanken, die du hegst, letztlich dein Handeln bestimmen.

Wisse, dass das Gute immer in Harmonie mit dem Fluss des Tao steht, und dass das Schlechte sich im Widerstand mit ihm befindet. Gut oder schlecht sind relativ, sie ergeben sich immer wieder neu aus der jeweiligen Situation.

Sei Du selbst, ohne dich darum zu sorgen, was andere von dir denken.
»Wenn Du dich darum sorgst, was andere von Dir denken, wirst du deren Gefangener sein.« (Laotzu)

Begreife, dass das Tao nur in einer Haltung der Demut erfahren werden kann.

Nimm Veränderung an, auch dort wo sie unangenehm erscheint.
Die Triebkraft des Lebens liegt in der Veränderung. Veränderung ist Entwicklung.

Stelle fest, wann Anstrengungen nützlich sind und wann nur eine Verschwendung.

Akzeptiere, setze dich aber auch durch, wenn es notwendig erscheint.

Sei gut und handle weise.

Tao im Gefängnis

Ich saß in einer Zelle im Hochsicherheitstrakt eines Gefängnisses im südafrikanischen Johannesburg. Der Boden unter mir war schmutzig. Vom Spazierhof drang Stimmengewirr durch die schmalen vergitterten Fenster. Draussen schritten Gefangene auf und ab oder gingen im Kreis. Sie liefen an Mauern vorüber, auf denen in Graffitischrift Aufforderungen gepinselt waren: stop domestic violence, stop rape, stop child abuse, stop murder. Daneben befand sich das dürftig hingepinselte Bild eines Afrikaners mit nacktem Oberkörper: der Mann stand aufrecht und hielt beide Arme in die Höhe gereckt. Die Kettenfessel an seinen Handgelenken war gesprengt, er blickte einer aufgehenden Sonne entgegen.

Auf einem der Dächer über der Gefängnisanlage quoll aus einem Schornstein dicker schwarzer Rauch. Überall roch es ätzend nach verbrannter Kohle.

Ich sass auf einer Holzbank und wartete. Nach und nach wurden von Aufsehern kleine Grüppchen aus zwei, drei Häftlingen in die Zelle geführt. Sie trugen orangefarbene, aus Kunststoff gefertigte Gefängnisuniformen auf denen wie mit riesigen schwarzen Stempeln kreisrund das Wort 'Prisoner' aufgedruckt war. Die Gruppe vor mir stand mehr oder weniger stellvertretend für das demografische Verhältnis der verschiedenen Ethnien Südafrikas. Die Schwarzafrikaner waren selbstverständlich dominant, gefolgt von den sogenannten Coloureds, den 'Mischlingen', den Weissen und den Indern. Darunter war auch ein Chinese. Es waren erbärmliche Gestalten. Die meisten von ihnen hatten, das wusste ich, einen oder auch mehrere Morde begangen. Unter dem früheren Apartheidregime wären sie wohl zum Tode verurteilt worden.

Eine Gefängnispsychologin hatte in einem der buddhistischen Zentren Südafrikas an einem Retreat mit mir teilgenommen. Sie hatte gefunden, dass die Mischung, die ich lehrte, buddhistische Meditation und Ch'i Kung, genau das Richtige sei, was die Insassen bräuchten. Sie fragte mich, ob ich für einen guten Zweck bereit wäre, mich in die Hölle zu begeben. Ich sagte zu.

Auch in Südafrika haben Häftlinge in Strafanstalten ein Recht auf Seelsorge. Daher senden die verschiedenen religiösen Traditionen, vorab die afrikanischen Kirchen, ihre Vertreter zur Betreuung in die Gefängnisse. Neben den christlichen und muslimischen Kongregationen gibt es auch eine buddhistische, die sich der Strafgefangenen annimmt. Die buddhistische Gemeinde gehört zu einem taiwanesisch-chinesischen Tempel, der zur Zeit der Apartheid von der taiwanesischen Regierung unterstützt wurde und heute von reichen Geschäftsleuten in Taiwan gesponsert wird. Wie eine gigantische Fata Morgana erhebt sich das Tempelgebäude überdimensional und in authentisch chinesisch-buddhistischer Architektur aus der öden Hochebene des sogenannten Highveld im Innern des Landes. Der riesige Tempel, man sagt, es sei der grösste auf der südlichen Halbkugel, besitzt zwei Abteilungen: die eine fördert die Lehre und Praxis des Buddhismus des Reinen Landes, die andere konzentriert sich auf Chan, also Zen. Die Gefängnispsychologin, die ich kennengelernt hatte, gehörte als Schülerin der Zen-Richtung an. So bekam ich völlig unerwartet diesen herausfordernden Job und betrat quasi als buddhistischer Seelsorger die brutale Welt südafrikanische Gefängnisse.

Das Gefängnis liegt an einen Abhang gebaut. Auf der Anlage waren zur Zeit der Apartheid zahllose politische Gefangen am Galgen hingerichtet worden. Der Besucher begibt sich über verschiedene Treppen und durch käfigartige Korridore immer tiefer hinunter bis in einen Innenhof. Mir schien als würden in den düsteren Gängen die Seelen der Gefolterten und Gehängten noch immer angstvoll und wütend umherirren. Auf dem Weg zur Zelle, in der ich unterrichten sollte, musste ich den Spazierhof durchqueren. Dort trafen mich die abschätzigen Blicke der umherschlendernden Häftlinge, immerhin war ich als Weisser ein Repräsentant der ehemaligen Unterdrücker und Peiniger. Den Atem und das Gewahrsein im Hara verankert, betrat ich die Zelle. Ich stellte mir dabei vor, ich sei ein Samurai, der zum Kampf schreitet.

Die meisten Gefangenen in der Zelle vor mir wirkten merkwürdig schwächlich. Ihre Körperhaltung war gebeugt, ihr Atem keuchte. Einige von ihnen erinnerten mich an wandelnde Zombies. Hätte da nicht eine gewisse gefährliche Arglist aus den Augen von zwei Häftlingen geblitzt, so hätte ich nie daran gedacht, mich in der Gesellschaft von Gewalttätern zu befinden. Später fand ich heraus, weshalb die Sträflinge auf mich dermassen energie- und antriebslos wirkten. Einmal hatte ich mich nach dem Unterricht auf dem Weg nach draussen ohne der Begleitung eines Aufsehers im Labyrinth der Korridore verirrt. Mit einem Mal stand ich vor einer breiten, offenen Gittertür. Vor mir erstreckte sich einer der grossen Schlafsäle dieser Strafanstalt. Stockbetten standen eng nebeneinander, und auf den meisten Betten lagen, hockten oder kauerten Insassen. Ich schätzte deren Zahl auf dreissig oder mehr. Einige hatten die orangene Uniform ausgezogen und sassen im Unterhemd da. Der strenge Geruch, der mir entgegen schlug, schnitt mir beinahe die Luft ab. Dies also war einer der Schauplätze im Gefängnis, wo Vergewaltigungen stattfanden und wo ab und zu auch ein Mord geschah.

Im Hochsicherheitstrakt der meisten afrikanischen Gefängnisse arbeiten Häftlinge nicht. Da sie keine Beschäftigung haben, sitzen sie, abgesehen von den Runden im Spazierhof, die ganze Zeit einfach nur sinnlos herum. Zehn, fünfzehn, zwanzig Jahre oder noch mehr müssen sie so ausharren und darben.

Ich hieß die Gefangenen sich zuerst einmal bewegen. Ich ließ sie sich strecken und beugen, und forderte sie dazu auf, tief und bewusst zu atmen. Ich versuchte, sie ihren Körper spüren zu lassen und sich des Bodens unter den Füssen bewusst zu werden. Wir übten Ch'i Kung und praktizierten das Gewahrsein des Körpers und der Atmung. Es folgten abwechslungsweise kürzere Intervalle von Meditation in Form von stillem aufrechtem Sitzen, dazu die grundlegenden Belehrungen aus dem Buddhismus und auch aus dem Taoismus. Während der Meditationen und meinen Ausführungen verweilten die Sträflinge auf schiefen Holzbänken, die den Wänden entlang platziert waren.

Die drei Geistesgifte: Hass, Gier und Verblendung

Die Vergänglichkeit von allen Dingen und allen Bewusstseinszuständen

Liebende Güte, Mitgefühl, Mitfreude, Gleichmut

Gewahrsein

Das Prinzip von Yin und Yang

Das Tao/die Buddha-Natur in allen Wesen

Nach dem Übungsmorgen schienen die Gefangenen wie verwandelt. Ihre Körperhaltung war nun schon fast gerade, ihre sonst flache Atmung tiefer und ihr Blick klarer. Vor allem strahlten sie jetzt etwas beinahe Friedvolles und zugleich Lebendiges aus: Sie waren zum Leben erwacht; sie waren präsent.

Jedes Mal wenn ich dort lehrte, durfte ich erleben, wie die Sträflinge denselben spektakulären Wandel durchliefen. Nie zuvor in den Jahren meines Unterrichtens war ich Zeuge einer solch raschen Veränderung im Habitus der Übenden geworden. Und nie zuvor schlug mir solche Dankbarkeit entgegen wie hier in diesem Gefängnis in Südafrika.

Meine Arbeit in der Strafanstalt zeigte mir, wie äusserst wirksam die Kombination von bewusster Bewegung, bewusster Atmung, meditativem Sitzen und einer befreienden spirituellen Lehre sein kann. Bevor ich dort unterrichtete, wurden die Strafgefangenen lediglich in Meditation und Theorie unterwiesen. Dieser Zugang war einseitig, denn in ihrer Situation mangelte es an etwas Anderem und Grundlegendem: Den Männern fehlte es an der Arbeit auf der körperlichen Ebene, mit dem Atem, mit dem Fluss der Energie. Ihr Körper und ihr Geist waren durch die Lebensumstände im Zuchthaus wie betäubt.

Als ich mich zum ersten Mal auf dem Weg in die Zelle begab, fragte ich mich, wie ich auf die Straftäter reagieren würde. Würde ich Angst vor ihnen haben?

Würde ich sie den ganzen Morgen lang als bedrohlich wahrnehmen? Schließlich hatten sie geraubt und gemordet, es waren brutale Gesellen. Würden sie mich als Geisel nehmen oder mich gar umbringen? Ich wusste, dass die meisten von ihnen – wenn auch nicht alle – aus den Slums stammten. Dort herrschten Gewalttätigkeit und Grausamkeit, deren Zeuge und Opfer sie seit ihrer Kindheit waren. Doch während des Unterrichts lösten sich diese Informationen über sie in Nichts auf. Ich begann in ihnen einfach nur Menschen zu sehen. Und manchmal kam es mir gar so vor, als würden hässliche Masken von den Gesichtern gehoben und darunter käme ein strahlendes Antlitz zum Vorschein. Alle Masken waren verschieden, das Gesicht dahinter erschien mir stets als ein und dasselbe. Es war die Buddha-Natur, es war das Tao.

ooooooooooo oooo

Quellen und zitierte Literatur

Basho: *Zen Art for Meditation*. übers. v. Stewart W. Holmes, Charles E Tuttle Company, Rutland, Tokyo, 1973

Bhagavad Gita: Vers vom Verfasser notiert anlässlich eines Retreats

Blofeld John: *Der Taoismus*. Diederichs, München 1986
Jenseits der Götter. O.W. Barth/Scherz, Bern, München, Wien, 1976

Chuang Tzu: *The Way of Chuang Tzu*. Thomas Merton, New Directions, New York, 1965
Dschuang Dsi. Das wahre Buch vom südlichen Blütenland. übertr. Richard Wilhelm, Diedrichs, Köln, 1969

Claudius Matthias: Volksgut, diverse Quellen

Dogen Zenji: Vers vom Verfasser notiert anlässlich eines Retreats

Dürckheim Karlfried Graf: *Hara – die Erdmitte des Menschen*. O.W. Barth Verlag München, 1975

Fa-tsang: Parabel zitiert in *Tao, Zen und schöpferische Kraft*. Chang Chung-yuan, Diederichs, Köln 1983

Hausmann Manfred: *Hinter dem Perlenvorhang, Gedichte aus dem Chinesischen*. Verlag die Arche, Zürich, 1973

Huai-nan-tzu: *Das große Lehrbuch von Huai-nan*. Claude Larre, édition du Cerf, Paris, 1993

Hung-chih Cheng-chüeh: *Aus den Anmerkungen über das heiter gelassene Widerspiegeln*. Mahamudra Fibel, Garma C.C. Chang, Octopus Verlag, Wien, 1979

I Ging: übers. v. Richard Wilhelm, Diederichs, Düsseldorf, 1973

Kybalion: *Die sieben hermetischen Gesetze: Das Orginal*. Aurinia Verlag, Hamburg, 2007

Lao Tzu: *Lao Tzu's Tao te Ching*. Timothy Freke, London, Piaktus, 1995
Tao te Ching. Stephen Mitchell, Shambala Publications, Boston, 1993

Li T'ai Po: *Enlightened Heart*. Stephen Mitchell, Harper & Row, New York, 1989
Banished Immortal: Visions of Li T'ai Po. White Pine Press, 1987

Reid Daniel: *Guarding the three Treasures.* Simon & Schuster UK, London, 1993

Ryokan: *Eine Schale ein Gewand.* Werner Kristkeitz Verlag, Heidelberg 1999
Alle Dinge sind im Herzen. Herder, Freiburg i. Brsg., 1999
Hoher Himmel, Großer Wind. Kazuaki Tanahashi, Friederike Juen Boissevain, Edition Steinrich, Berlin 2012

Schätze japanischer Weisheit: hrg. Michael Diener, Scherz, Bern, 1999

Seng Ts'an: *Inschrift vom Vertrauen in den Geist.* Vom Verfasser notiert anlässlich eines Retreats

Vijñana Bhairava: aus dem Sanskrit übers. von Lakshman Joo, zitiert von Billy Doyle in Yoga
In the Kashmir tradition, Non-Duality Press, Salisbury UK, 2014